1099

Abecedau-
frances

640

ABÉCÉDAIRE

FRANÇAIS,

A L'USAGE DES ÉCOLES PRIMAIRES.

Les exemplaires du présent Abécédaire ont été déposés conformément à la loi.

SECONDE ÉDITION.

A ALTKIRCH,

CHEZ JOSEPH GOETSCHY, IMPRIMEUR-LIBRAIRE.

A B C D E F G
H I K L M
N O P Q R S
T U V W X
Y Z

a b c d e f g h i j
k l m n o p q r
s t u v w x y z.

a b c d e f g h i j k l m n o
p q r s t u v w x y z.
A B C D E F G H I K L M N
O P Q R S T U V W X Y Z.

Voyelles.

a e i o u y

Consonnes.

b c d f g h j k l m n p q r
s t v x z.

Consonnes suivies d'une voyelle.

ma	na	ra	la	fa	sa
me	ne	re	le	fe	se
mi	ni	ri	li	fi	si
mo	no	ro	lo	fo	so
mu	nu	ru	lu	fu	su
my	ny	ry	ly	fy	sy
ba	de	co	gu	hi	zy
bo	du	ca	go	he	zi
bu	dy	cu	ga	ho	ze
pe	to	ke	je	va	xu
pi	ta	ky	ji	ve	xo
py	ti	ki	jy	vu	xa

Voyelles suivies d'une consonne.

as	il	eb	ac	iz	at
es	el	ep	ak	uz	ed
af	er	id	ec	ax	ah
ef	ir	it	ek	eh	ez
is	am	ap	ag	ub	ux
os	em	ab	eg	up	uf
if	on	ot	ig	ex	ic
of	in	od	uk	ih	op
ul	im	ib	ug	um	al
ol	en	ip	ad	ik	ar
ur	an	ud	et	oc	ox
or	om	ut	og	oz	uh.

Voyelles entre deux consonnes.

bal	mur	bac	roc
bel	nul	bec	suc
car	par	cor	sur
cap	pur	col	val
dot	sel	duc	vif
dur	sol	fol	fut
fer	tel	juc	jar
fil	ver	job	sus
lac	vol	mol	vil
mal	tir	nil	rit.

Deux consonnes suivies d'une voyelle.

pli	pra	dro	sta
plo	pri	dri	sco
bla	bro	cra	spu
bli	bru	cro	pni
flo	fri	gru	spla
fla	fra	gra	spli
cla	wri	psa	scro
clo	wra	pso	scri
gli	tra	swi	stra
glu	tru	swo	stru

Syllabes faciles.

A-mi	me-nu	me-na	ca-na-ri
i-ra	so-fa	ve-nu	ra-mas-sa
u-ni	ha-ro	go-go	ad-mi-ra
de-mi	te-nu	pu-ni	sa-li-ra
jo-li	je-ta	fi-ni	de-ve-nu
mi-di	ma-ri	ho-la	a-ni-mal
do-du	di-ra	se-ra	sa-me-di
fe-ra	pa-ri	al-la	re-te-nu
pa-pa	pa-ru	a-bo-li	pu-ni-ra
po-li	mu-ni	i-mi-ta	sor-ti-ra

e muet.

a-me	cu-ve	fa-de	hu-re
u-ne	ru-de	ju-pe	ri-de

(6)

du-re	da-me	ju-re	vi-ve
di-re	ra-ve	ro-be	do-re
pi-pe	mo-de	lu-ne	du-pe
pi-le	ja-le	go-be	cu-be
ri-re	ro-me	ga-ze	ga-re
ra-re	mi-ne	ga-le	bu-be
pu-re	ma-le	vi-de	fu-me
ca-ve	mu-le	ma-re	co-de

a-va-re	la-ti-ne	pe-ti-te	so-li-de
o-va-le	pa-na-de	sa-la-de	pe-lo-te
u-ti-le	ma-la-de	na-ri-ne	pa-ro-le
a-vi-de	fi-gu-re	fa-ri-ne	sa-li-ve
o-bo-le	tu-li-pe	ca-ra-fe	fa-mi-ne
a-va-le	do-ru-re	pe-lu-re	zo-zi-me
o-li-ve	pa-ru-re	ra-pi-de	to-pa-ze
ba-di-ne	ra-ni-ve	ca-ba-le	so-li-tu-de
mo-bi-le	pi-lo-te	vo-lu-me	sa-vo-na-de
na-vi-le	nu-bi-le	ca-ba-ne	a-ma-zo-ne

e é è ê â î ô û.

ra-bo-té	re-mè-de	a-tô-me	la-ni-fè-re
co-lo-ré	vi-pè-re	pâ-tu-re	dé-na-tu-re
de-vi-né	ma-dè-re	hâ-ti-ve	dé-fi-gu-re
mé-ri-te	ga-lè-re	a-rê-te	di-vi-ni-té
é-pi-ne	mo-dè-le	ré-pè-te	u-ti-li-té
lé-gu-me	mé-lè-ze	ré-pé-té	a-li-é-né
ca-na-pé	mo-dè-re	mô-le	ré-i-tè-re
va-ni-té	mo-dé-ré	mû-re	dé-li-bè-re
ca-jo-le	co-lè-re	rê-ve	dé-li-bé-ré
bé-ni-fe	ca-rê-me	i-di-ô-me	af-fa-mé.

$c = k$ devant $a, o, u.$ $c = ss$ devant $e, i, y.$ $ç = ss.$

cu-re	ca-li-ce	re-çu	ca-pa-ci-té
ca-ne	ra-ci-ne	dé-çu	ri-di-cu-le
cô-te	ma-li-ce	de-ça	ca-pi-ta-le
re-cu-le	do-ci-le	la-ça	do-mi-ci-le
l'é-ca-le	si-ci-le	per-ça	ca-ra-bi-ne
com-mo-de	fa-ci-le	fa-ço-ne	ca-ra-co-le
ca-jo-le	dé-ci-dé	fa-ça-de	fa-ci-li-té
ca-po-te	no-vi-ce	a-per-çu	dé-di-ca-ce
co-mè-te	ce-ci-té	ca-ni-cu-le	ca-ma-ra-de
ca-ca-o	a-va-ri-ce	ca-pu-ci-ne	vé-ra-ci-té

$g = g$ devant $a, o, u.$ $g = j$ devant $e, i, y.$ $gu = g.$

Ri-go-le	dé-ja	li-gua	fi-gu-ré
ci-ga-le	pa-ge	gué-ri	ci-ra-ge
pa-go-de	a-gi-té	gui-de	dé-lé-gué
ré-ga-lé	ta-pa-ge	re-lé-gua	a-jus-ta-ge
né-go-ce	lé-gè-re	na-vi-gua	i-ma-gi-né
a-ga-ça	mé-na-ge	fa-ti-gua	ré-fu-gi-é
ga-lè-re	ma-nè-ge	gui-tar-re	gé-né-ra-le
é-ga-le	dé-gè-le	gi-got	lé-gè-re-té
fa-go-te	li-ti-ge	pa-gi-né	pa-tu-râ-ge
dé-fi-gu-re	dé-lu-ge	a-gi-le	a-gi-li-té

---

gea, geo $=$ ja, jo. $s = z$ entre deux voyelles.

na-gea	dé-gui-sa	dé-si-ré	me-ri-se
ga-gea	l'a-si-le	a-mu-sa	l'o-ri-gi-ne
for-gea	l'u-sa-ge	vi-sa-ge	l'a-ze-ro-le
geor-ge	me-su-re	ro-si-ne	ca-mi-so-le
gor-ge	mi-sè-re	l'u-su-re	ri-va-li-se
geo-la-ge	ma-su-re	ti-sa-ne	ré-a-li-sa

vol-ti-gea	re-fu-se	ta-mi-se	ci-se-lu-re
ob-li-gea	va-li-se	re-si-ne	ma-ri-a-ge
mé-na-gea	a-zu-ré	l'u-si-ne	fa-vo-ri-se
pro-di-gua	u-si-té	re-mi-se	o-bé-si-té.

Lettres majuscules.

Syllabes composées de plusieurs consonnes.

Arbre	Martre	Bref	Busc
Blâme	Notre	Frac	Fisc
Clôre	Obligé	Bloc	Rapt
Drôme	Plumage	Troc	Porc
Ecluse	Règle	Froc	Mars
Fable	Sable	Stuc	Malt
Globe	Trône	Marc	Zest
Hêtre	Usage	Turc	Vest
Image	Vivra	Talc	Serf
Livre	Zibeline	Musc	Laps.

Blême	Prêtre	Abrégé	Estrade
Bride	Scribe	Clotûre	Albâtre
Raclé	Sciure	Miracles	Vitriol
Crible	Spatule	Fromage	Structure
Ordre	Spécule	Grisâtre	Capable
Flore	Stable	Glacial	Blamâble
Fragile	Stupide	Caprice	Médiocre
Grive	Lèvre	Suprême	Affligé
Réglé	Cabri	Espiègle	Scrupule
Plume	Eglise	Balafre	Agréable.

Palme	Disposé	Griffe	Terre
Filtré	Gerçure	Salle	Serre

Continuation.

Malgré	Corsage	Ruelle	Classe
Cercle	Solstice	Écuelle	Hotte
Larme	Supposé	Nommé	Flamme
Muscle	Supplice	Somme	Blessé
Tartre	Succède	Manne	Clergé
Flegme	Suggère	Vanné	Gorge
Stricte	Disciple	Jappe	Public
Svelte	Passagère	Appel	Trafic.

Luzerne	Parasol	Gazonne	Caractère
Caserne	Criminel	Façonne	Monastère
Giberne	Tribunal	Commerce	Calomnié
Gazette	Tricolor	Immortel	Opuscule
Gamelle	Abstenir	Personnel	Suggestif
Flanelle	Asperge	Pectoral	Collectif
Sagesse	Vomitif	Collecte	Prescrire
Basilic	Superflu	Suspecte	Sculpture
Colonel	Précepte	Submergé	Spectacle
Général	Sépulcre	Majesté	Pulvérisé.

ch = ſch   gn = ni   ph = f   qu = k.

juché	signal	phare	qualité
jachère	vigne	phase	liquide
chargé	gagné	phénix	casque
chemise	maligne	prophète	quatre
chimère	Ignace	phalène	équerre
richesse	ignoble	Philippe	équarrir
chapelle	signature	épitaphe	quatorze
chicane	cigogne	strophe	querelle
charnelle	rossignol	phosphore	équité
chariage	gagnage	apostrophe	casquette

(10)

Continuation.

la tache	chiffre	fabrique	examiné
la tâche	masque	brignole	exagère
le signe	signalé	squelette	exercice
le risque	désigné	espagnol	acquérir
la chose	Joseph	équinoxe	écquestre
le péché	signifié	égratigné	le chisme
la pêche	musique	rognure	quotité
la ligne	dignité	télégraphe	flexible
la sphère	flèche	éphémère	exécuté
la besogne	charité	phénix	résigné.

au, eau = ô   *oi = oa.*

l'aune	boire	le sauvage	l'aumône
la sauce	la poire	le sarcloir	réservoir
l'autel	choisi	le rideau	exaucé
l'eau	soigné	éloigné	l'armoire
le seau	moisi	crachoir	l'arrosoir
beau	croisé	l'agneau	moisonné
la peau	quoi	le fuseau	mâchoire
jaune	devoir	la victoire	l'écritoire
la faute	le miroir	le tonneau	l'écumoire
la sauge	le goître	le moineau	témoigné

ou = u.   *eu, œu = ö.*

le clou	l'amadou	la fleur	l'auteur
le chou	cousoir	la peur	rougeur
le trou	la fourmi	le bœuf	boiteuse
le jour	la fouche	la sœur	noirceur
le four	vouloir	le cœur	faucheur.

Continuation.

rouge	vautour	le neveu	prôneur
douze	le bouleau	la pâleur	peureuse
douce	le couteau	la vapeur	jeunesse
le bijou	rouleau	la hauteur	pleuvoir
le joujou	boutique	la douceur	abreuvoir

---

ai ei = è.

la chaine	libraire	la reine	seize
la fraise	fadaise	la neige	plaire
la chaise	baignoire	la veine	treize
la haine	baigneur	la peine	plaine
le plaisir	mauvaise	le peigne	pleine
la baisse	faiblesse	la teigne	créateur
le délai	ordinaire	la baleine	juchoir
le balai	paisible	l'éteignoir	cousoir
domaine	semaine	le seigneur	mouchoir
laideur	ressaisir	neigeuse	courage.

Continuation avec les lettres majuscules.

Assommoir	Manœuvre	Auxiliaire	Moisonneur
Belliqueuse	Nécessaire	Bouleversé	Noircissure
Chamoiseur	Obligatoire	Couleuvre	Oculaire
Dédaigneuse	Précepteur	Découverte	Pacificateur
Écussonnoir	Questionneur	Effarouché	Quinzaine
Fournaise	Ressouvenir	Fourchette	Raisonneur
Grammaire	Soigneuse	Garnisseur	Sécrétaire
Hargneuse	Témoignage	Haineuse	Tourterelle
Immeuble	Usuraire	Imaginaire	Usurpateur
Janissaire	Vexatoire	Journalière	Vigoureuse

(12)

on, om = ong.   *un, um* = ŭng.

coton	l'once	consonne	aucun
moisson	l'ongle	confondu	aucune
flacon	la ronce	succombe	chacun
pardon	la honte	tombeau	chacune
pardonne	le songe	colombe	commun
soupçon	le congé	accompli	commune
chiffon	l'ombre	compagne	parfum
raison	la bombe	fontaine	parfume
maison	la pompe	montagne	lundi
maçon	l'oignon	sondeur	défunte.

an, am, en, em = ang.

l'an	crampe	vengeur	enchanté
tanné	change	camphre	enjôleur
l'ange	l'emploi	l'ennemi*)	empoigné
centre	trempe	manchon	l'empeigne
vengé	jambe	lambeau	mensonge
genre	Jean	régence	campagne
membre	tambour	chanson	sentence
temple	flambeau	mélange	ressentir
grange	jambon	framboise	enseigné
cadran	cantique	quarante	fantôme.

in, im, ain, aime, in = eng.

badin	singe	cymbale	peinture
badine	linge	hautain	empreinte
voisin	essaim	impoli	ceinturon
voisine	faim	plaintif	orphelin
vain	jimbre	magasin	linceul
vaine	juin	prochain	immense

Continuation.

nain	certain	maroquin	importance
bain	regimbe	quinzaine	immondice
main	épingle	importun	étincelle
frein	craindra	teinture	lendemain.

ien   *éen*   *oin = oang.*

bien	soutien	coin	pointé
lien	quotidien	loin	poinçon
mien	ancien	soin	éloigné
mienne	bienséance	foin	aiguille
tien	valérien	besoin	aiguillon
tienne	Européen	témoin	aiguisé
sien	Sadducéen	moindre	mangea
sienne	Galiléen	pointu	diligence
rien	Béréen	lointain	chaudron
chien	vaurien	jointure	encoignure.

Mélange de nazales.

Antiquité	lendemain	enfantin	pamoison
bienséance	maquignon	champignon	occidental
compagnon	novembre	quiconque	instituteur
diligence	orange	existence	circonflex
étincelle	pénitence	Alexandre	empoisonne
fréquente	quittance	ingnorance	conscience
gangrène	revanche	contrainte	expérience
hanneton	souverain	chaudron	l'ennui
jambage	triomphe	récompense	enivré
immondice	ustensile	innocence	ennoblir.

Rencontre de voyelles.

la nièce	la pluie	l'amitié	la sueur
la poignée	la truite	la jointure	mortuaire

Continuation.

la pincée	le Suisse	la religion	sanctuaire
la bougie	le buisson	la discussion	douane
la prairie	la cuisine	la question	l'affouage
Marie	Dieu	la confusion	la girouette
la plaine	l'essieu	la lisière	la pirouette
la laitue	l'adieu	la paupière	la brouette
la statue	le trépied	la tabatière	bleuâtre
la queue	la moitié	le cimetière	boueuse.

---

y comme double et simple i.

balayé	le crayon	la bruyère	syllabe
essai	le moyen	la croyance	symbole
essayé	le paysan	employé	mystère
royal	enrayé	le royaume	symétrie
envoyé	le voyage	le citoyen	système
l'envoi	le hoyau	pitoyable	Égypte
loyal	le doyen	grasseyé	gymnase
l'ennui	la frayeur	joyeuse	pyramide
l'appui	bégaya	l'aboyeur	tympan
appuyé	le noyau	fossoyeur	syndic.

---

l mouillé, il, ail, eil, ouil, ouil.

babil	quille	tilleul	fauteuil
avril	grille	grillon	chevreuil
détail	paille	bouillon	l'écureuil
bétail	haillon	mouillé	patrouille
portail	treille	meilleur	l'eventail
travail	l'oreille	sommeil	bataillon
réveil	feuille	famille	gazouille
conseil	veuille	tailleur	bouvreuil

Continuation.

seuil	bouilli	l'attirail	papillon
cerfeuil	fouillé	brouillon	feuillage.

ti = ssi   *emm = amm.*

dévotion	essentiel	diligemment
l'intention	impartial	estentiellement
l'affliction	Egyptien	excellemment
situation	Diocletien	imprudemment
l'instruction	prophétie	impitoyablement
perfection	balbutie	indifféremment
national	digestion*)	conditionnellement
faction	mixtion*)	exorbitemment
l'ambition	garantie*)	dédaigneusement
condition	inimitié*)	conséquemment.

Changement de quelques consonnes. Le (··) trème.

Pelouse	la chaussée	le pigeon	le païen
mousse	la façade	la nageoire	Caïphe
la classe	l'orge	Bourgeon	Moïse
l'échasse	l'orgue	fourgon	l'orgueil
le traçoir	l'égide	la guérison	Emaüs
le perçoir	le guide	Esaü	l'accueil
ménace	la langue	Saül	naître
ménaça	la guêpe	la faïence	naïveté
l'angoisse	sanguin	le faisan	paysage
la Gerçure	le goujon	le paysan	cueilloir.

Consonnes muettes à la fin des mots.

le repas	assez	le drap	le soldat
le verglas	le fusil	beaucoup	le portrait

e procès	blanc	le champ	le briquet
le logis	l'estomac	le boucher	l'alphabet
le châssis	l'égard	soigner	constant
e taillis	poignard	sautiller	le renfort
le croquis	l'échafaud	essayer	le point
e minois	grand	gagner	le choix
toujours	hareng	le geolier	la croix
discours	l'étang	faïancier	noyaux.

courroux	le respect	la méthode	Kagne
tonneaux	succint	le bonheur	Kiosque
traveaux	le doigt	heureux	Kybourg
écailleux	les bœufs	l'histoire	Kyrielle
joyeux	les œufs	l'horizon	Kaminiec
jaloux	les nerfs	gothique	Worms
quinault	l'homme	l'horloger	Waal
Perrault	l'honneur	l'héritier	Walon
l'instinct	l'hôpital	l'habitant	Norwège
suspect	l'hymne	la trahaison	Waldeck.

La plûpart des consonnes ne se prononcent pas à la fin des mots.

Le genre. La liaison.

Un homme, une femme, un oncle, une tante, le voisin, la voisine, ce fils, cette fille, mon père, ma mère, ton frère, ta sœur, son neveu, sa nièce, notre maison, votre cheval, leur jardin. Mon arrangement, mes arrangements; ton exemplaire, tes exemplaires; son inclination, ses inclinations; cet enfantillage, ces enfantillages; cet animal, ces animaux. Le petit enfant, les petits enfants; un grand arbre, de grands arbres; son habit neuf, ses habits neufs; un jour heureux, des jours heureux.

Exceptions.

ao = a. Laon, faon, paon, paonne.
ao = o : taon, Saône.
eu = u : eu, j'eus, tu eus, il eut, nous eûmes, vous eûtes, ils eurent; gageure, eusse, eussions.
ent = e muet : ils parlent, finissent, reçoivent, vendent, rient, crient, tuent, prennent.
oi = è : j'avois, tu avois, il avoit; j'étois, parlois, finissois, vendois, anglois, françois.
oient = è : ils parloient, finissoient, vendroient, causeroient, pendroient.
ch = k : Chrétien, Christophe, Christine, l'orchestre, Jéricho, le chœur, chaos, écho, Archange, Zacharie, l'eucharistie, méchanique.
x = s : six, dix, soixante, dixaine, Bruxelles, Auxerre, Cadix, six hommes.
f = v : neuf heures, neuf écus, neuf hommes.
Consonnes muettes : Automne, damner, condamnation, solennel, solennité, compte, dompte, sept, baptême, exempter, chef-d'œuvre, cerf-volant, dix fois.
Trait d'union : Allez-y, prenez-en, aura-t-elle, voudra-t-on, tout-à-coup.
Apostrophe : L'aune, l'espoir, l'homme, l'honneur, aujourd'hui.

Distinguez encore les b, d, g, j, v, z, des p, t, c, ch, f, s.

Ban, pan, bon, pont, bas, pas, bâtir, pâtir, batin, patin, bain, pain, bombe, pompe, baigner, peigner, bercer, percer, tomber, tromper, tombions, trompions, le bord, le port, le bois, le pois, la boisson, le poisson, dresser, tresser, doute, toute, drame, trame, dans, tant, pardon, partons, mandons, mentons.

L'odeur, l'auteur, douceur, tousseur, évider, éviter, vendre, ventre, Jean, chant, janvier, chantier, jargon, chargeons, jamais, charmer, jardin, chardon, joie, choix, joujou, le chou, japer, échapper, japon, chapon, gens, champ, gêne, chaîne, germer, charmer, bouger, boucher, bougeons, bouchon, bougeoir, bouchoir, nager, hacher.

Le gage, la cache, garder, carder, le goût, le cou, goûter, coûter, je goûte, je coûte, gâteau, cadeau, la goulée, la coulée, le gant, le camp. Poison, poisson, maison, naissons, ravisant, ravissant, arroser, rosser. Zèbre, sobre, zain, saint. Vin, fin, vendre, fendre, viole, fiole, la ville, la fille, la voix, la foi, le village, le filage.

Maximes tirées de l'Écriture sainte.

1° Adorez Dieu.
2° Honorez les Saints.
3° Assistez aux offices divins.
4° Respectez votre père et votre mère.
5° Pratiquez la vertu et fuyez le vice.
6° Observez les commandements de Dieu.

7° Aimez votre prochain comme vous même.

8° Soulagez les pauvres autant que vous pouvez.

9° Les pauvres sont les membres de Jésus-Christ.

10° Les Saints sont les amis de Dieu.

11° La sainte Vierge est notre protectrice.

12° Détestez toujours le péché.

13° Notre âme est immortelle.

14° Notre corps rentera dans la terre.

15° Il ressuscitera au jour du jugement dernier.

16° Une éternité bienheureuse est la récompense des bonnes œuvres.

17° La miséricorde de Dieu s'étend de race en race sur ceux qui le craignent.

18° Tout arbre qui ne porte point de bon fruit, sera coupé et jeté au feu.

19° L'homme ne vit pas seulement de pain, mais de toute parole qui sort de la bouche de Dieu.

20° Vous adorerez le Seigneur votre Dieu, et vous ne servirez que lui.

21° La loi a été donnée par Moïse, mais la grâce et la vérité ont été apportées par Jésus-Christ.

22° L'homme ne peut rien recevoir, s'il ne lui est donné du ciel.

23° Dieu est esprit, et il faut que ceux qui l'adorent, l'adorent en esprit et en vérité.

24° Le temps est accompli, et le royaume de Dieu est proche : Faites pénitence, et croyez à l'Évangile.

25° Ceux qui auront fait de bonnes œuvres, ressusciteront pour vivre éternellement.

26° Ceux qui en auront fait de mauvaises ressusciteront pour être condamnés.

27° Heureux ceux, qui sont pauvres d'esprit, parceque le royaume des cieux leur appartient.

28° Heureux ceux qui sont doux, car ils posséderont la terre.

29° Heureux ceux qui pleurent, parcequ'ils seront consolés.

30° Heureux ceux qui ont faim et soif de la jusice, parcequ'ils seront rassasiés.

31° Heureux ceux qui sont miséricordieux, parcequ'ils obtiendront miséricorde.

32° Heureux ceux qui ont le cœur pur, parcequ'ils verront Dieu.

33° Bienheureux sont les pacifiques, parcequ'ils seront appelés enfants de Dieu.

34° Heureux ceux qui souffrent persécution pour la justice, car le royaume du ciel est à eux.

35° Vous avez appris qu'il a été dit: vous aimerez votre prochain, et vous haïrez votre ennemi.

36° Pour moi je vous dis: Aimez vos ennemis, faites du bien à ceux qui vous haïssent.

37° Bénissez ceux qui vous maudissent, et priez pour ceux qui vous persécutent et vous calomnient, afin que vous soyez enfants de votre père céleste.

38° Aimez vos ennemis; faites du bien et prêtez, sans rien espérer, et votre récompense sera grande, et vous serez enfants du Très-Haut.

39° Soyez miséricordieux comme votre père est miséricordieux.

40° Soyez parfaits comme votre père céleste est parfait.

41° Si vous pardonnez à ceux qui vous offensent, votre père céleste vous pardonnera aussi vos péchés.

42° Que si vous ne leur pardonnez point, votre père ne vous pardonnera non plus vos péchés.

43° Faites-vous des trésors dans le ciel, où la rouille et les vers ne les rongent point.

44° Nul ne peut servir deux maîtres : car ou il haïra l'un et aimera l'autre, ou il respectera l'un et méprisera l'autre.

45° Vous ne pouvez servir tout ensemble Dieu et l'argent.

46° Ne jugez point, et vous ne serez point jugés ; ne condamnez point et vous ne serez point condamnés.

47° Remettez, et il vous sera remis ; donnez et il vous sera donné.

48° Car selon que vous jugerez, on vous jugera, et on se servira de la même mesure dont vous vous serez servis envers les autres.

49° Demandez et on vous donnera ; cherchez, et vous trouverez : heurtez, et on vous ouvrira.

50° Car quiconque demande reçoit, et celui qui cherche trouve, et on ouvrira à celui qui heurte.

51° Faites pour les autres tout ce que vous voudriez qu'ils fissent pour vous : c'est là toute la loi et les prophètes.

52° Entrez par la porte étroite, parceque la porte de la perdition est large, et le chemin qui y conduit est spacieux, et le nombre de ceux qui y passent est grand.

53° Que la porte de la vie est étroite, et que le chemin en est étroit, et qu'il y a peu de gens qui le trouvent !

54° Tous ceux qui me disent : Seigneur, Seigneur, n'entreront pas dans le royaume des cieux.

55° Mais celui là y entrera, qui fait la volonté de mon père qui est dans le ciel.

56° Celui qui n'est point avec moi, est contre moi, et celui qui n'amasse point avec moi, dissipe.

57° C'est de l'abondance du cœur que la bouche parle.

58° L'homme de bien tire de bonnes choses de son bon trésor ; le méchant homme en tire de mauvaises de son mauvais fond.

59° Au jour du jugement, les hommes rendront compte de toutes les paroles inutiles qu'ils auront dites.

60° Car vous serez justifiés par vos paroles, et vous serez condamnés par vos paroles.

61° Heureux ceux qui écoutent la parole de Dieu ; et qui la mettent en pratique.

62° Celui qui ne prend pas sa croix et ne me suit pas, n'est pas digne de moi.

63° Celui qui vous reçoit, me reçoit, et celui qui me reçoit, reçoit celui, qui m'a envoyé.

64° Que servirait à un homme de gagner tout l'univers, s'il se perd lui-même, s'il perd son âme ?

65° Si vous ne vous convertissez, et si vous ne devenez comme des enfants, vous n'entrerez point dans le royaume du ciel.

66° Quiconque deviendra humble comme cet enfant, sera le plus grand dans le royaume du ciel.

67° Ne jugez point sur les apparences, mais jugez selon la justice.

68° Cherchez premièrement le royaume et la justice de Dieu, et tout le reste vous sera donné comme par surcroît.

69° Celui qui est fidèle dans les petites choses, l'est aussi dans les grandes.

70° Et celui qui est injuste dans les plus petites choses, sera injuste dans les plus grandes.

71° Le ciel et la terre périront plutôt, qu'une seule lettre de la loi manque d'avoir son effet.

72° Mon père vous accordera tout ce que vous lui demanderez en mon nom. Jusqu'ici vous n'avez rien demandé en mon nom. Demandez, et vous recevrez.

73° Veillez et priez, afin de ne point tomber dans la tentation. Véritablement l'esprit est prompt, mais la chair est faible.

74° Celui qui croira et sera baptisé sera sauvé, mais celui qui ne croira point, sera condamné.

~~~~~~

Prière au commencement de l'École.

Venez, ô Saint-Esprit! remplissez les cœurs de vos fidèles, et allumez-y le feu de votre divin amour pour bien comprendre et pratiquer votre sainte religion.

℣. Envoyez votre Esprit qui leur donnera une nouvelle création.

℟. Et vous renouvellerez la face du monde.

Nous vous supplions, Seigneur! que la force du saint-Esprit nous assiste, afin qu'elle purifie suavement nos cœurs, les fortifie dans la voie du Salut, et nous garde de tout malheur. Ainsi soit-il.

Oraison dominicale.

Notre Père, qui êtes aux Cieux, que votre nom soit sanctifié; que votre règne arrive, que votre volonté soit faite sur la terre comme dans le Ciel: donnez-nous aujourd'hui notre pain de chaque jour; pardonnez-nous nos offences, comme nous pardonnons à ceux qui nous ont offencés; et ne nous laissez pas succomber à la tentation, mais délivrez-nous du mal. Ainsi soit-il.

La salutation angélique.

Je vous salue, Marie, pleine de grâce: le Seigneur est avec vous; vous êtes bénie entre toutes les femmes, et Jésus, le fruit de vos entrailles, est béni.

Sainte Marie, Mère de Dieu priez pour nous, pauvres pécheurs, maintenant et à l'heure de notre mort. Ainsi soit-il.

Le symbole des Apôtres.

Je crois en Dieu le Père tout-puissant, Créateur du ciel et de la terre; et en Jésus-Christ, son fils unique, Notre Seigneur, qui a été conçu du Saint-Esprit, est né de la Vierge Marie, a souffert sous Ponce-Pilate, à été crucifié, est mort, a été enseveli; est descendu aux enfers, le troisième jour; est réssuscité des morts; est monté aux cieux, est assis à la droite de Dieu le Père tout-puissant, d'où il viendra juger les vivans et les morts.

Je crois au Saint-Esprit, la sainte Eglise Catholique, la Communion des Saints, la rémission des péchés, la résurrection de la chair, la vie éternelle. Ainsi soit-il.

Les dix commandemens de Dieu.

1. Un seul Dieu tu adoreras
 Et aimeras parfaitement.
2. Dieu en vain tu ne jureras
 Ni autre chose pareillement.
3. Les Dimanches tu garderas,
 En servant Dieu dévotement.
4. Tes père et mère honoreras
 Afin de vivre longuement.
5. Homicide point ne seras,
 De fait ni volontairement.
6. Luxurieux point ne seras,
 De corps ni de consentement.
7. Le bien d'autrui tu ne prendras
 Ni retiendras à ton escient.
8. Faux témoignage ne diras,
 Ni mentiras aucunement.
9. L'œuvre de chair ne désireras
 Qu'en mariage seulement.
10. Bien d'autrui ne convoiteras,
 Pour les avoir injustement.

Les six commandemens de l'Eglise.

1. Les fêtes tu sanctifieras
 Qui te sont de commandement.
2. Les dimanches messe ouiras,
 Et les fêtes pareillement.
3. Tous tes péchés confesseras
 A tout le moins une fois l'an.

4. Ton Créateur tu recevras
    Au moins à Pâques humblement.
5. Quatre-temps, viliges, jeûneras,
    Et le carême entièrement.
6. Vendredi chair ne mangeras,
    Ni le samedi mêmement.

Les sept Sacremens.

Le Baptême, la Confirmation, l'Eucharistie, la Pénitence, l'Extrême Onction, l'Ordre et le Mariage.

Prière en action de grâces après l'école.

Seigneur! nous vous remercions des saintes instructions que nous venons de recevoir; faites-nous la grâce d'en profiter pour votre gloire et pour notre salut. Ainsi soit-il.

Notre Père. — Je vous salue. — Je crois en Dieu.

PRIÈRE
à faire le matin, à midi et le soir, en l'honneur de l'Incarnation du Fils de Dieu.

L'Ange du Seigneur a annoncé à Marie et elle a conçu du Saint-Esprit. Je vous salue etc.

Voici la servante du Seigneur, qu'il me soit fait selon votre parole.

Je vous salue etc.

Et le Verbe s'est fait chair, et il a habité parmi nous.

Je vous salue, etc.

Prions.

Répandez, Seigneur, s'il vous plaît, votre grâce dans nos âmes, afin qu'ayant connu, par la voix de l'Ange, l'incarnation de Jésus-Christ votre Fils, nous arrivions par sa croix à la gloire de sa résurrection. Par le même Jésus-Christ notre Seigneur. Ainsi soit-il.

PRIÈRE AVANT LES REPAS.

Bénissez nous, Seigneur, et la nourriture que nous allons prendre : faites nous la grâce d'en user pour votre gloire et pour notre salut. Pater, Ave.

PRIÈRE APRÈS LES REPAS.

Seigneur, nous vous remercions de la nourriture que vous nous avez donné, et de tous les autres biens dont votre bonté ne cesse de nous faire part. Faites-nous la grâce de les employer à vous servir fidèlement. Nous vous recommandons nos bienfaiteurs, et les âmes des Fidèles qui sont dans le purgatoire. Pater, Ave.

Le jeudi au soir, lorsqu'on sonne en mémoire de l'agonie de notre Seigneur, on dit cinq Pater et cinq Ave, et l'oraison suivante :

Mon Seigneur Jésus-Christ, Fils du Dieu vivant, mettez votre passion, votre croix et votre mort entre votre jugement et mon âme, maintenant et à l'heure de ma mort ; et daignez donner grâce et miséricorde aux vivants, et aux trépassés repos et pardon, à votre Église paix et union, et à nous pauvres pécheurs vie et gloire éternelle. Ainsi soit-il.

Le vendredi à midi, lorsqu'on sonne en mémoire de la mort de notre Seigneur, on dit cinq Pater et cinq Ave, et l'oraison suivante :

Jetez, s'il vous plaît, Seigneur, un regard de miséricorde sur votre famille, pour laquelle notre Seigneur Jésus-Christ a bien voulu être livré entre les mains des méchants, et souffrir le supplice de la croix, lui qui étant Dieu vit et règne avec vous. Ainsi soit-il.

LIVRET.

1	fois	1	fait	1		5	fois	5	font	25
2	fois	2	font	4		5	—	6	—	30
2	—	3	—	6		5	—	7	—	35
2	—	4	—	8		5	—	8	—	40
2	—	5	—	10		5	—	9	—	45
2	—	6	—	12		5	—	10	—	50
2	—	7	—	14						
2	—	8	—	16		6	fois	6	font	36
2	—	9	—	18		6	—	7	—	42
2	—	10	—	20		6	—	8	—	48
						6	—	9	—	54
						6	—	10	—	60
3	fois	3	font	9						
3	—	4	—	12		7	fois	7	font	49
3	—	5	—	15		7	—	8	—	56
3	—	6	—	18		7	—	9	—	63
3	—	7	—	21		7	—	10	—	70
3	—	8	—	24						
3	—	9	—	27		8	fois	8	font	64
3	—	10	—	30		8	—	9	—	72
						8	—	10	—	80
4	fois	4	font	16						
4	—	5	—	20		9	fois	9	font	81
4	—	6	—	24		9	—	10	—	90
4	—	7	—	28						
4	—	8	—	32		10	fois	10	font	100
4	—	9	—	36		10	—	100	—	1000
4	—	10	—	40		1000	—	1000	—	1000000

IMPRIMERIE DE JOSEPH GOETSCHY A ALTKIRCH.